AF224523

# NOTICE



# P.-A. LALOY,

## Ancien député de la Haute-Marne,

PENDANT LA RÉVOLUTION.

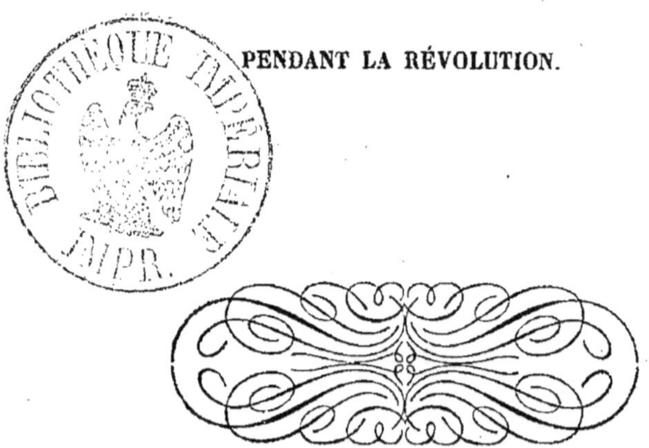

**COLMAR,**

Imp. et Lith. de Ch.-M. HOFFMANN, imprimeur de la Cour royale.

1846.

# NOTICE

## SUR

# P.-A. LALOY,

### ANCIEN DÉPUTÉ DE LA HAUTE-MARNE,

#### PENDANT LA RÉVOLUTION.

## 1846

# NOTICE

## SUR

# P.-A. LALOY,

### Ancien député de la Haute-Marne,

#### PENDANT LA RÉVOLUTION.

———⋆———

Nihil offensæ vel gratiæ dabitur.

ᴇs Biographies ne sont trop souvent que des éloges officiels ou des tableaux tracés pour flatter la vanité des familles. — La notice qu'on va lire n'a rien de commun avec ces panégyriques menteurs : elle a été écrite pour conserver la mémoire d'un homme aussi recommandable par les qualités du cœur que par la supériorité de son intelligence, et dont la vie entière a été un long sacrifice fait à la patrie. — Sans doute, le nom de ce grand citoyen ne pouvait être oublié, car il est écrit dans les fastes de notre immortelle Révolution ; mais il fallait le montrer pur à la postérité, en dépit des efforts faits, pour le ternir, par les séides de ce gouvernement de quinze ans que l'étranger avait relevé sur les ruines de nos libertés et qu'une nouvelle révolution vient de renverser.

Pierre-Antoine *Laloy*, qu'un écrivain de la Restauration appelle *Leroy*, afin de l'accuser d'avoir changé de nom en haine de la Royauté, est né dans la petite ville de Doulevant-le-Château (Haute-Marne), le 16 janvier 1749. — Ses parents étaient d'honnêtes bourgeois. Heureux dans leur médiocrité, ils persévéraient, d'une manière toute patriarcale, dans la pratique des vertus qui avaient mérité à leurs ancêtres, dans toute la contrée, la plus honorable considération. C'est donc à faire l'apprentissage d'homme de bien qu'il a passé les premières années de sa vie. Il avait un frère, plus âgé de quelques années, Jean-Nicolas Laloy, que la France a également placé au rang de ses grands citoyens.

Ces deux enfants montrant de bonne heure d'excellentes dispositions, on les envoya étudier dans la ville de Chaumont, qui, fière de leurs succès, les adopta lorsque bientôt après ils devinrent orphelins. — Au terme de leurs études, guidés par des tendances diverses, ils embrassèrent des carrières différentes. Ils avaient tous deux la noble ambition de se rendre utiles à leurs concitoyens ; ils étaient également doués d'intelligence ; mais l'aîné, esprit spéculatif, devait aimer les sciences. Il alla étudier la médecine à Paris, d'où il revint se fixer dans sa patrie adoptive, rapportant de son séjour dans la capitale un talent déjà éprouvé et l'honorable souvenir de l'amitié de Jean-Jacques Rousseau. L'autre, esprit plus ardent, avait été au collége un habile rhéteur et un logicien souvent embarrassant pour le Père chargé de la classe de Philosophie. Il se destina au barreau.

C'est en 1764 que Pierre-Antoine Laloy termina ses études. Après avoir passé trois ans chez un procureur, il se fit admettre comme clerc au palais, prit ensuite le grade de licencié au parlement de Dijon (1773) et fut enfin reçu avocat au bailliage et siége présidial de Chaumont (31 août 1773). Il avait à peine 24 ans. — Dès son début il se posa comme le défenseur du faible opprimé. — Plein de mépris pour quelques-uns de ses collègues, ses amis d'enfance, qui refusaient les causes où il n'y a rien à gagner, lui, au contraire, les recherchait : procès de fisc, procès de gabelles, procès forestiers, c'était pour ceux-là surtout qu'il prenait la toge, et tandis que son frère soignait gratuitement les pauvres dans leurs maladies, lui les tirait des prisons de l'État ou les protégeait contre l'odieuse avidité des traitants, où bien encore c'était une commune qu'il défendait contre les envahissements du seigneur. — Cette conduite généreuse du jeune avocat fait d'avance connaître la ligne politique qu'il suivit. Les deux grands partis qui devaient, à quelques années de là, se prendre corps à corps, étaient alors en présence. L'un, celui de l'absolutisme, ruiné par ses propres excès, sommeillait dans l'ivresse de la jouissance ; l'autre, jeune et vigoureux, celui de la démocratie, semblait préparer ses forces pour la lutte prochaine. — Laloy devait-il, pouvait-il rester neutre, et se renfermer dans un honteux égoïsme, ou, comme ces mêmes collègues qui avaient son mépris, spectateur indifférent, flatter à la fois les deux partis ? — Il avait le cœur trop bien placé pour cela. Il devait s'attacher à un drapeau. — Or, rien ne l'appelait vers celui de l'absolutisme ; sous celui du peuple, au contraire, étaient toutes ses sympathies ; enfant du peuple, il devait se ranger de son côté. — Laloy s'était instruit à l'école des philosophes du XVIII<sup>e</sup> siècle ; mais, avec cette élévation de jugement qui l'a toujours caractérisé, il rejetait de leurs doctrines tout ce qu'elles offraient de faux ou d'exagéré ; il s'était fait un éclectisme qui donnait à ses principes la base la plus raisonnable et la plus solide. — Il conservait du reste cette simplicité de mœurs qu'il avait contractée dès son enfance et qu'il était heureux de retrouver dans les rangs de ceux dont il embrassait la cause : il censurait avec la dernière sévérité le dévergondage des sommités sociales. — Sa morale reposait sur des croyances religieuses ; mais, sans confondre l'homme avec la divinité, tout en respectant l'autel, il savait reprendre, dans le ministre, sa cupidité, son orgueil, sa mondanité si contraire à l'Évangile ; il déplorait la conduite aveugle du clergé qui avait faussé chez les uns et détruit chez d'autres le sentiment religieux. — En politique, ses convictions n'étaient pas moins profondes. Tout lui présageait une révolution prochaine. Il n'en pouvait encore prévoir toutes les conséquences ; mais elle devait être populaire et c'en était assez pour qu'elle dût le compter parmi ses précurseurs. — Il était à Chaumont le représentant des idées nouvelles ; on l'y rencontre partout où il y a lutte ; ses plaidoyers, ses mémoires, s'ils ne donnent pas toujours la victoire, n'en sont pas moins funestes aux adversaires dont ils mettent à nu toute la faiblesse ; et, cependant, il était aimé de tous, parce qu'on n'a jamais douté de sa sincérité, de sa franchise, de sa loyauté. — Au milieu de ces nombreuses occupations Laloy trouvait encore le temps de s'occuper de littérature et de travailler à des études historiques. Savant en paléographie, il avait été associé en 1785, par le garde des sceaux, aux travaux ordonnés dans toute la France pour la recherche des monuments anciens, diplômes, chartes, etc. relatifs à l'histoire, à la législation et au droit public de la France. Chargé spécialement du dépouillement des archives du Bassigny, il a commencé sur une vaste échelle, un pénible travail qui, interrompu par les événements, devait être repris quarante ans plus tard, pour ster encore inachevé.

Cependant, tout allait de mal en pire dans le parti de

l'absolutisme. Le faible monarque à qui les destinées de la France étaient confiées, dominé par la Cour, venait de renvoyer les ministres patriotes dont il avait essayé, pour se conformer au vœu de la nation, et il les avait remplacés par des courtisans. — Le peuple fit entendre des plaintes; les notables que l'on appela ne pourvurent à rien; on n'avait plus d'argent, plus de crédit, et dans cette extrémité, on convoqua les états généraux, qui ne firent, selon l'expression d'un grand historien, que déeréter la Révolution qui était depuis longtemps faite dans les esprits (1789). — Les frères Laloy avaient toute la confiance de leurs concitoyens: le médecin alla les représenter dans cette mémorable assemblée qui, brisant dès la première séance, le mauvais vouloir des privilégiés, se constitua en assemblée nationale; — l'autre, le plus jeune, qui avait rédigé les cahiers de son ordre, resta à Chaumont à la tête du parti de la Révolution et dirigea, comme procureur de la commune, les délibérations du corps municipal. Lors de la division de la France en départements, il fut élu administrateur de celui de la Haute-Marne, puis secrétaire de l'assemblée électorale, qui le députa à l'assemblée législative au mois d'août 1791. — Le mandat de Jean-Nicolas Laloy à la Constituante se trouvant alors expiré, il revint à ses malades; mais bientôt, ses concitoyens lui donnèrent de nouveaux témoignages de leur confiance: placé successivement à la tête des administrations communale et départementale, il a rendu au pays les plus grands services. Dans ces jours difficiles où la disette poussait sans cesse le peuple à la révolte, il était maire de Chaumont; il sut y maintenir l'ordre, et plusieurs fois le général Lafayette l'a remercié, au nom de l'État, de son dévouement et de son patriotisme. Sa présence seule au milieu de l'émeute suffisait pour faire rentrer les plus mutins dans le devoir. — Sincèrement attaché à ses concitoyens et justement fier de leur estime, ce digne magistrat ne les a plus quittés; pour rester au milieu d'eux il a refusé le poste éminent de préfet de l'un des premiers départements. Il s'occupait alors de travaux scientifiques et il a laissé à sa mort une savante statistique de la Haute-Marne. Les Chaumontais ont fait élever un monument à sa mémoire dans leur cimetière, et la rue qu'il habitait a pris le nom de *rue Laloy*.

Pierre-Antoine Laloy s'est bientôt fait remarquer à l'assemblée législative, non pas qu'il fût orateur: — il joignait bien à une élocution facile une grande promptitude de jugement, mais la modestie réprimait toujours en lui les élans du cœur, et très-rarement, dans tout le cours de sa carrière législative, il a abordé la tribune; il n'y a paru que quand, par position, il s'est trouvé obligé de le faire, et plus rarement encore il a permis de donner à ses discours, à ses travaux, la publicité dont tant d'autres étaient si jaloux. Jamais, dans l'accomplissement de ses devoirs, il n'a rien fait en vue de la popularité. — Dans les bureaux au contraire, au sein des commissions, il a toujours été l'un des plus ardents travailleurs. Ses collègues ont donc pu seuls l'apprécier, et dans plusieurs occasions ils lui ont donné des preuves éclatantes d'estime et de confiance. — D'après ses antécédents, sa place était marquée sur les bancs de l'assemblée: c'était une révolution sociale qu'il voulait, une révolution toute populaire; il devait être et il fut Jacobin. — Cependant il resta quelque temps encore constitutionnel, mais quand il vit la cour persister, avec un aveugle courage, dans une opposition funeste qui devait déchirer la Patrie par la guerre civile et la guerre étrangère; quand il eut la preuve que les princes qui avaient juré fidélité à la nation, à la constitution, conspiraient avec l'ennemi, alors il s'est pour toujours séparé de la royauté, et au 10 août, il a voté la déchéance. — Quand son premier mandat de député expira, il était donc déjà dans les rangs des Républicains; nous verrons que depuis il ne les a jamais quittés. — Laissons sous le voile du deuil les journées d'anarchie, trop souvent sanglante, qui ont précédé la réunion de la nouvelle législature; on n'a rien à reprocher individuellement aux députés, mais il est malheureux que l'assemblée n'ait pas pu trouver, dans ses pouvoirs expirants, assez de force pour prévenir les excès d'une population que le danger de la Patrie avait exaspérée contre ses ennemis jusqu'à la rage.

L'ennemi avait franchi les frontières, il marchait sur Paris; déjà la Champagne était envahie et c'est sous le feu du canon prussien que se faisaient les élections dans la Haute-Marne. — L'assemblée électorale réunie à Langres donna à Laloy un nouveau mandat pour la Convention. Dans les circonstances, les prescriptions de ce mandat ne pouvaient être autres que celles-ci : Sauver la Patrie, frapper d'impuissance les ennemis du dedans et ceux du dehors. — Pour cela, il fallait de l'énergie en tout et partout. Laloy le comprit et il se plaça tout d'abord parmi ceux des représentants qui voulaient remplir, à tout prix, la haute mission de salut public dont ils étaient investis, et de laquelle dépendait l'indépendance nationale.

J'arrive à l'acte le plus important de la Convention, au point de vue politique, à celui du moins qui a plus tard servi de prétexte aux persécutions que l'on a exercées contre une partie des membres de cette assemblée. — La réaction a passé, mais elle a laissé derrière elle des enseignements, des traditions qui nous empêchent encore de juger avec toute l'impartialité de l'histoire. — Je me renfermerai donc dans le simple récit des faits. — Louis XVI avait rompu le pacte qui consacrait son inviolabilité; il était censé avoir abdiqué; c'était un simple citoyen et depuis le 10 août il était prisonnier comme dangereux à la sûreté de l'État (¹).— La Convention avait aboli la royauté. — Cependant, le danger augmentait: la plupart des États de l'Europe s'étaient coalisés, on demandait la liberté du prisonnier. — Sans se laisser intimider par cette terrible coalition, la Convention répondit par un décret qui ordonnait le jugement de Louis. — L'accusé parut à la barre de l'assemblée constituée en tribunal suprême; on entendit les défenseurs, et la presque unanimité des voix le déclara coupable. — Quand il s'est agi de l'application de la peine, la minorité a pensé qu'il suffisait de bannir le coupable ou de prolonger sa captivité; la majorité, au contraire, persuadée qu'il s'agissait de l'acte le plus important pour le salut public, répondit au défi de l'étranger et aux intrigues des ennemis de la Révolution, par un arrêt de mort. — Elle voulait ainsi rompre définitivement avec le passé et mettre réellement le pouvoir entre les mains du peuple, qu'elle jugeait seul capable de sauver la patrie. — Toute la députation de la Haute-Marne, à l'exception de l'évêque Wandelincourt, vota avec la majorité. — Ils ont obéi à une conviction profonde, et au terme de sa vie séculaire, Laloy n'hésitait pas à dire que dans de semblables circonstances, son vote serait encore le même. — Maintenant, débarrassons-nous de tout esprit de caste et de parti; plaçons-nous en pensée au milieu des circonstances où ce vote solennel a été prononcé, à la face de l'Europe acharnée à notre ruine, et sur la confession d'un vieillard qui descend dans la tombe, prononçons, mais prenons garde d'être ingrats, car la Révolution, qu'il s'agissait de sauver, a assuré pour jamais notre liberté.

---

(¹) Laloy fut alors chargé de faire l'inventaire des papiers et des meubles du château des Tuileries, et ce travail l'occupa pendant plus d'une année.

Les modérés, que l'on désignait du nom de Girondins, étaient alors en majorité dans l'assemblée: mais bientôt quelques échecs de nos armées et surtout la trahison de Dumourier, dont on les accusait d'être les complices, soulevèrent contre eux l'indignation des Jacobins, qui, dans une pétition célèbre, en appelèrent au peuple. Cette adresse dénoncée à la tribune y souleva d'orageuses discussions, des récriminations acerbes, enfin une centaine de membres se précipitèrent au bureau pour la signer et en assumer courageusement la responsabilité. Laloy fut du nombre de ces patriotes énergiques dont le dévouement assura le triomphe de la révolution, que l'on disait compromis par la générosité au moins impolitique des Girondins.

Après la journée du 51 mai qui assura la majorité aux Jacobins, Laloy fut élu secrétaire de la Convention et signa en cette qualité la constitution républicaine. Il espérait qu'enfin le règne de l'anarchie allait faire place à un gouvernement régulier; que le calme et la prospérité allaient renaître au sein de la patrie, et il s'empressa de faire part de sa joie à ses mandataires. Les Chaumontais, heureux de partager de telles espérances, reçurent l'acte constitutionnel avec une pompe digne des beaux temps de l'ancienne Grèce; mais la constitution de l'an II ne put être exécutée, car de nouveaux dangers à l'intérieur nécessitèrent aussitôt un régime exceptionnel. — Alors commence la dictature du comité de salut public, « qui trouva dans ses effrayantes mesures le secret du salut et de l'intégrité de la république: les instruments et les moyens furent odieux, les résultats sublimes » (Jomini). — Hâtons-nous de dire que Laloy est resté étranger à tous les excès de cette triste époque de notre Révolution. Fidèle à son mandat, il a voté les mesures exceptionnelles, parce qu'il les a crues nécessaires, mais il n'a bri-

*

gué aucune mission dictatoriale, et, dans le comité de sûreté générale, dont il a été membre pendant toute la durée du gouvernement révolutionnaire, il a toujours combattu les mesures qui ne lui paraissaient pas suffisamment justifiées. Sans doute il y avait danger à en agir ainsi, mais son patriotisme bien connu le mettait à l'abri de toute récrimination. — Que de dénonciations n'a-t-il pas anéanties pour le seul département de la Haute-Marne ! — Il eut même à défendre son frère contre les accusations des démagogues, et plusieurs de ses compatriotes ne durent leur salut qu'à la présence de leur représentant dans le comité. — Cependant il ne put empêcher que deux d'entre eux ne fussent mis en accusation et condamnés avec toute la rigueur des lois révolutionnaires : c'étaient des jeunes gens sans patriotisme, qui, au lieu de marcher à la défense des frontières, avaient bravé les patriotes et émis publiquement, dans les fêtes civiques, les opinions royalistes les plus exaltées. — L'arrêt qui les frappa fut d'autant plus douloureux pour Laloy, que l'un des coupables était son beau-frère. — Quelques jours après on put lire les noms des deux condamnés sur la liste des victimes que l'échafaud avait réclamées ; — mais l'un d'eux vivait encore. — Laloy avait, au moment fatal, tiré son parent des mains du bourreau.

Appelé, à la même époque, à l'honneur de présider la Convention (6-22 novembre 1793), Laloy s'est trouvé, pendant toute la durée de ses fonctions, en présence de cette faction anarchique qui, pour compromettre la Révolution par des excès d'un autre genre, poussa les prêtres à faire des rétractations publiques. — Le jour même de l'élection du nouveau président, l'évêque de Paris se présenta à la barre avec tout son clergé et les membres de la commune, pour y rendre, selon l'expression du temps, hommage à la raison. — L'assemblée décréta que la députation serait admise. — Gobel déposa sur l'autel de la Patrie ses lettres de prêtrise, sa croix, son anneau, et son exemple fut suivi par un grand nombre de prêtres qui assistaient à la séance. — Ces détails sont nécessaires, parce que la conduite de Laloy, dans cette occasion, a été souvent blamée, et qu'on a semblé en conclure qu'il n'était pas étranger à cette manifestation. — Cependant il la condamnait et il est certain que la veille il a cherché à en dissuader l'évêque Gobel. — Après cette demarche que pouvait-il faire? — Les prêtres furent applaudis par l'assemblée. — Le président ne devait-il pas constater ces applaudissements? — Il l'a fait en prononçant l'éloge de la constitution qui garantissait la liberté des cultes, en s'élevant contre les abus et la superstition, en proclamant que la pratique des vertus morales et sociales est le seul culte digne de l'Être Suprême, le culte de la Raison. — C'était la profession de foi du Déisme et l'expression des principes de l'assemblée. — Puis on a demandé l'accolade pour l'évêque, et Laloy, car le citoyen se substitua alors au président, Laloy profita de l'embrassement et des nouveaux applaudissements qu'il excitait, pour rappeler à Gobel qu'il faisait un acte de folie. — Il le connaissait assez pour s'avancer ainsi; ils avaient eu ensemble des relations à l'époque où l'évêché de la Haute-Marne avait été offert à ce prêtre apostat, par les électeurs de ce département. — Si donc il y a un blâme à infliger pour les encouragements donnés à ces rétractations, c'est à la Convention elle-même et non pas à l'homme qu'elle avait fait son organe. Sans doute, la morale publique ne peut flétrir avec trop de sévérité ces funestes excès; mais ne semblent-ils pas avoir, fatalement, des périodes de retour dans toutes nos grandes crises sociales, alors que la raison humaine, soumise aux passions du moment, cherche à franchir les limites qui lui sont tracées et s'égare? — C'est le délire de la fièvre révolutionnaire.

Cependant les Jacobins tendaient à se diviser. Un grand nombre de représentants, las des excès et des extravagances que les anarchistes commettaient au nom du salut public, désiraient y mettre un terme. Les hommes d'administration, les travailleurs du comité se réunirent à eux et ce parti, auquel appartenait Laloy, éclata, quand Robespierre, passant du fanatisme politique au fanatisme religieux, voulut imposer le culte de l'Etre Suprême. — C'était tuer la liberté par le ridicule. — Les nouveaux modérés ne le permirent pas et, tout en déplorant l'extrémité à laquelle ils se trouvaient réduits, il dénoncèrent à la nation le nouveau pontife et ses adhérents. — Robespierre recourut à l'intimidation; il redoubla de terreur, mais en vain; la coalition était trop forte, il succomba. — C'est la révolution du 9 thermidor. — Elle fut la ruine de la république. — Les intentions des thermidoriens étaient bonnes, mais ils se trouvèrent bientôt débordés par les ennemis de toutes sortes que la terreur réduisait à l'impuissance, et le pouvoir leur échappa. — La réaction ne se fit pas attendre: les Girondins, les feuillants, les Vendéens, les prêtres réfractaires relevèrent la tête; on recula de deux ans en arrière. — Laloy, qui était membre du comité de sûreté générale, avait été chargé, le lendemain de la révolution, de vérifier les écrous de la prison du Luxembourg et de mettre en liberté les prisonniers qu'il jugerait être injustement détenus, et deux jours après il avait été appelé au comité de salut public. Il y resta à peine deux mois, et lorsque la réaction l'en eut fait sortir, il se retira entièrement du mouvement politique pour ne plus s'occuper que de travaux législatifs. C'est à cette vie de bureau à laquelle il se condamna qu'il dut de n'être pas poursuivi, par la nouvelle majorité, comme beaucoup d'autres Jacobins. —

Mais ses amis politiques étaient certains de son appui et il ne leur manqua pas lors du vote de la constitution de l'an III, qui fut encore républicaine, malgré les efforts des royalistes.—On sait que pour sauvegarder son œuvre, qu'il eût été imprudent de confier à des députés nouveaux, la Convention décréta que les deux tiers de ses membres feraient partie de la nouvelle législature. Laloy fut porté sur la liste des représentants dont le mandat était ainsi renouvelé et il entra au conseil des Cinq-Cents où, pendant longtemps, il fit partie de la commission instituée pour la classification des lois, s'occupant surtout de l'organisation judiciaire. — Enfin, après avoir été élu président (19 février 1798), il a été envoyé par les électeurs de la Haute-Marne au conseil des Anciens, où, étranger à toutes les intrigues politiques sans avoir pour cela sacrifié aucun de ses principes, il resta homme de cabinet et d'étude. Cependant, deux fois ses collègues l'ont honoré de leurs suffrages pour les fonctions de secrétaire et de président. (20 mai, 18 août 1798.) — Il a laissé de son passage à la présidence des Anciens deux discours remarquables, l'un sur les progrès des lettres, des sciences et des arts, en réponse à une députation de l'Institut; l'autre en commémoration de la fondation de la République: ce dernier respire le patriotisme le plus pur; Laloy, avec toute la réserve imposée à un ancien membre de la Convention, y venge cette célèbre assemblée des outrages que déjà la réaction lui prodiguait (¹).

---

(¹) Ces discours, quelques rapports et mémoires sont les seuls travaux qu'il ait laissé imprimer en son nom; mais il a composé ou rédigé plusieurs ouvrages pseudonymes, tels que l'*Agriculture pratique,* de Douette-Richardot, les *Mémoires* pour M^me de Douhault; la *Statist'que de la Haute-Marne,* publiée par Chaulaire, etc., etc. Le travail a toujours été pour lui un plaisir, un besoin.

On sait dans quel déplorable état se trouvait alors le gouvernement intérieur de la France entre les mains des membres du directoire, après tant et de si grands sacrifices. — Le mécontentement poussa encore Laloy dans l'arène politique au 18 brumaire. Non pas qu'il fût l'un des principaux conjurés, mais sans avoir préparé la conspiration, il y prêta la main. Le jeune Bonaparte, que la gloire avait déjà rendu si populaire et qu'il avait rencontré dans les rangs des Jacobins, lui parut capable de rétablir l'unité de force et d'action de l'ancien comité. Il n'ignorait pas les dangers qu'il y avait dans l'établissement de cette espèce de dictature ; mais il s'agissait d'une mesure de salut public, et, séduit par les espérances que les meneurs firent briller à ses yeux, il crut, comme au 9 thermidor, de deux maux choisir le moindre. — Dans la fameuse séance d'intimidation on le désigna pour faire partie de la commission des cinq chargés de sanctionner la révolution ; on le nomma ensuite de la commission législative qui devait conserver les droits de la représentation nationale pendant l'ajournement des conseils ; puis, après la dissolution de cette commission (25 décembre 1799), il fut élu au Tribunat. — Mais déjà il s'était aperçu que les chefs du mouvement étaient des ambitieux qui n'avaient attiré quelques républicains dans leur parti que pour lui donner plus de consistance. Trompé une seconde fois dans ses espérances, il abandonna de nouveau et pour toujours l'arène des partis. — Son temps était passé : ce n'étaient plus des hommes à convictions profondes, aux principes arrêtés, qu'il fallait ; c'étaient des courtisans et Laloy ne l'a jamais été. — Cependant il conserva encore deux ans ses fonctions de législateur, se contentant de signaler son opposition par des votes ; il était du nombre des représentants que Bonaparte appelait des factieux. — Son dernier vote public fut contre l'institution de la Légion-d'Honneur, qu'il regardait comme le rétablissement de l'aristocratie. — Enfin, la constitution de l'an X l'élimina du Tribunat (16 sept. 1802).

Bientôt se constitua la monarchie impériale qui déjà existait de fait. De nombreux courtisans entourèrent le nouveau trône ; on fit des princes, des comtes, des barons ; on récompensa par des titres, par des fonctions largement rétribuées, les conjurés du 18 brumaire. — Laloy ne demanda rien ; il gémit à l'écart pendant cette curée ; heureusement quelques amis songèrent à lui et lui firent donner au conseil des Prises maritimes une humble place de conseiller qui lui permît de vivre honorablement et d'élever sa famille ; car, dans sa longue carrière politique, il s'était ruiné, bien loin de s'enrichir comme d'autres l'avaient fait, surtout dans les derniers temps. — Depuis cette époque il est resté complètement étranger aux affaires publiques. Livré exclusivement à l'étude, il a trouvé dans l'amour des livres une douce consolation des déceptions politiques.

Mais ce repos ne devait pas durer ; des épreuves plus rudes encore que celles qu'il avait déjà traversées, étaient encore réservées à la vieillesse de Laloy. Ce n'était pas assez qu'il eût vu la Révolution enchaînée au char de triomphe d'un soldat, il fallait qu'il vît l'étranger à Paris, et qu'il fût témoin de la restauration de l'ancienne monarchie ; il fallait qu'il payât par quinze ans d'exil son amour pour la liberté, son dévouement à la patrie.

Lors de la première Restauration, Laloy fut destitué de ses fonctions au conseil des Prises. — Le gouvernement des Cent Jours le rappela au conseil de préfecture de la Seine, mais cette distinction ne fit qu'attirer plus terrible sur lui la vengeance des Bourbons. Frappé par la fameuse loi d'amnistie, il dut quitter la France. Il prépara ses enfants et sa femme à cette triste séparation, en homme qu'une longue et pénible expérience de la vie avait habitué aux coups de la fortune, avec une mâle résignation. — Cependant le délai accordé à l'exilé pour partir était sur le point d'expirer, et la police veillait à la porte de l'hôtel. — Laloy, dans la crainte qu'on n'inquiétât sa famille, brûla encore les notes, les documents de toutes sortes qu'il avait réunis pour écrire l'histoire des événements auxquels il avait pris part, puis il sortit de Paris et dirigea ses pas vers la Belgique. — Il laissait une bibliothèque de plus de 20,000 volumes, formée en grande partie de manuscrits précieux, d'éditions rares et recherchées, qu'il avait réunis à force de sacrifices. Là s'étaient absorbées toutes ses ressources. On fut obligé de la vendre. — L'exilé avait franchi la frontière et s'était arrêté dans le premier village qu'il avait rencontré. Il voulait pouvoir fouler quelquefois encore le sol de la patrie; mais cette consolation ne lui fut pas même permise; on le força de s'éloigner, et ainsi surveillé sur sa route comme un *homme dangereux*, il arriva à Mons, où il put enfin se fixer. — Sa femme l'y rejoignit bientôt; mais elle avait laissé son fils malade à Paris. Le jeune Laloy était déjà parvenu aux grades supérieurs dans l'armée, c'était sur lui que reposaient les principales espérances de ses parents; il mourut, et la pauvre mère, affaissée sous le poids de tant de chagrin, le suivit de près dans la tombe. — Ainsi, l'exilé restait seul sur la terre étrangère, séparé de sa fille que les soins de sa jeune famille retenaient à Paris. La vente forcée de sa bibliothèque, au milieu des circonstances où l'on se trouvait, avait très-peu produit; ses ressources étaient donc très-bornées; pour les ménager, il vécut modestement au sein d'une *famille d'ouvriers* qui a gardé de ses vertus le plus touchant souvenir. Son temps se partageait entre l'étude et l'accomplissement des devoirs de l'amitié. — Une rare conformité de caractère et surtout les qualités du cœur le rapprochèrent de son compagnon d'exil Jean De Bry. — Union d'autant plus étroite qu'elle était encore appuyée sur d'honorables souvenirs et cimentée par l'adversité. — Tous deux ont supporté avec dignité la triste condition que les révolutions leur avaient faite, et jamais ils n'ont eu la pensée de demander à rentrer en France, comme quelques-uns de leurs anciens collègues, au prix d'une honteuse soumission. Bien plus, un an après son arrivée à Mons, Laloy reçut des passeports. Surpris et presque irrité de cette faveur qu'il n'avait pas sollicitée, il les refusa : « Votre drapeau n'est pas le mien, répondit-il, j'ai combattu pour le renverser : vaincu, je subis les conséquences de cet échec. » Il apprit plus tard que son nom avait été, par reconnaissance, inscrit sur une liste d'amnistie par un employé dont il avait protégé la famille pendant la terreur.

Mais quand ils apprirent qu'une nouvelle révolution avait relevé le drapeau aux couleurs nationales, les deux exilés reprirent avec joie le chemin de la patrie. — Laloy avait alors 84 ans et toutes ses ressources étaient épuisées. — En cette occasion il eut encore la douce satisfaction de voir accourir à lui des cœurs reconnaissants. — L'une des victimes qu'il avait arrachées à la mort apprenant que son libérateur vivait encore et rentrait pauvre de l'exil, s'empressa de réclamer en sa faveur une récompense nationale. « J'étais au secret le 10 thermidor, écrivit le » comte Réal, je dirai son nom car cette démarche l'ho- » nore, M. Laloy m'a rendu à la liberté. Il y a un peu de » piété filiale dans le souvenir d'un pareil service, ainsi » que dans le devoir qu'il impose, et n'y a-t-il pas d'ail- » leurs quelque chose de sacré dans la position d'un » vieillard qui, après avoir présidé ces assemblées qui ont » dominé l'Europe et rétabli les peuples dans leur sou-

» veraineté, pauvre aujourd'hui, vient réclamer une mo-
» dique pension. » — Le peuple qui venait de faire un
nouvel acte de sa toute-puissance, ne pouvait oublier
l'un de ses représentants les plus fidèles à sa cause. La
pension fut portée au grand-livre.

Alors Laloy rentra à Chaumont. Il n'avait pas revu
cette ville depuis quarante ans. Il devait donc y retrouver
bien peu d'hommes de 89; mais les jeunes gens qui
avaient appris de leurs pères à le connaître, se pres-
sèrent autour de lui, l'entourèrent de leur respect, de
leur admiration. — La grande époque qu'il avait si di-
gnement traversée avait laissé en lui des caractères inef-
façables. Avec cela il n'avait rien du vieillard; ses en-
tretiens avaient toute la chaleur de la jeunesse; il était
d'une aménité inépuisable, enjoué même; enfin, aux
vertus publiques il réunissait toutes les vertus privées,
assemblage nécessaire pour constituer le bon citoyen.

Malgré son grand âge, Laloy avait encore des espérances d'avenir. C'est alors, en effet, qu'il reprit ses
études sur la Champagne. On le vit travailler avec l'ar-
deur d'un jeune homme, fouiller les archives, interroger
toutes les sources, mais il entreprenait un travail qui au-
rait exigé une vie entière et déjà il avait dépassé le terme
ordinaire de la vie de l'homme. Comme tous les travaux qu'il avait précédemment commencés et qui avaient
été interrompus par les événements, celui-ci resta inachevé.—Cependant, il travailla jusqu'au dernier moment,
et cette belle existence qui n'avait été agitée par aucun
mal physique, s'éteignit de même sans secousse. — Laloy
avait conservé toutes ses facultés, toute l'énergie de son
caractère. — Le dernier jour, il sentit qu'il allait mourir
et il resta au lit. — Sa famille l'entourait. — Quand l'in-
stant fatal approcha, il pria tout le monde de se retirer,
invitant seulement une domestique à rester pour lui don-

ner à boire. — Quand il eut bu, il la remercia de ses soins et la congédia. — Puis il mourut avec cette résignation et cette dignité que donnent une âme pure et une conscience satisfaite. — C'était le 5 mars 1846. — Laloy avait alors 97 ans. Il était petit, mais d'une constitution robuste; il avait le visage large et les traits fortement caractérisés; son front était marqué du sceau de l'intelligence. — On l'a enterré près de son frère, dans le charnier du cimetière. — Ses funérailles ont été, comme elles devaient l'être, toutes populaires. — La foule s'y pressait dans un saint recueillement pour dire un dernier adieu à celui qui avait consacré sa vie entière au bien public.

Quelques lignes suffiront pour résumer le tableau que je viens de tracer. — Laloy avait un cœur noble, généreux, des convictions mûries par l'étude, un amour ardent pour la liberté, un dévouement sans bornes à la patrie. — Les événements en ayant fait un homme politique, jamais son patriotisme ne s'est démenti. — Sans avoir les passions vives qui font le chef de parti, il avait toute l'énergie nécessaire pour se maintenir, au milieu des plus grands dangers, au péril même de la vie, sous le drapeau qu'il avait adopté. — Le bien public a été le seul mobile de sa conduite; quelquefois même il n'a pas hésité à faire fléchir ses principes devant cet intérêt puissant. Il a pu se tromper (et quel homme politique pourrait dire ne s'être pas trompé?); mais jamais il n'a trahi. Ce mot lui faisait horreur. — Sincèrement dévoué à la révolution qui devait régénérer la patrie, il lui a tout sacrifié et il a combattu pour elle jusqu'au dernier moment. — Vaincu, il a conservé dans l'exil toute sa dignité. — Après cela il n'avait pas à craindre la mort. — Non, pour l'honneur et la gloire de la France, la suite de ces grands citoyens ne sera pas interrompue; l'égoïsme ne desséchera pas nos cœurs!... — Jusqu'ici, pour rester fidèle à la devise que j'ai adoptée, j'avais comprimé les sentiments d'admiration que j'ai voués à la mémoire de celui qui fut mon maître et mon ami; mais qu'il me soit permis, en terminant, de les laisser éclater, et d'appeler à les partager tous ceux qui se plaisent encore à rendre hommage aux vertus sociales, ceux pour qui le devoir, le dévouement, le patriotisme ne sont pas de vains mots.

ÉMILE JOLIBOIS.

COLMAR, Imp. et Lith. de Ch.-M. HOFFMANN, Imp. de la Cour Royale.